मेजबानी

मौसमों की

गेरू

BookLeaf Publishing
India | USA | UK

Made with ❤ on the BookLeaf Publishing Platform
www.bookleafpub.in
www.bookleafpub.com

Dedication

बदलते मौसम और समय को अर्पण

Preface

यह संग्रह प्रकाशित करना..इसका अर्थ इतना ही है... दिल में उठे एहसासों को, संदूक से निकालकर आप तक पहुंचाना|

मैंने किसी विश्वविद्यालय में कविताशास्त्र का अध्ययन या अध्यापन नहीं किया है,बस पढ़ते समय काव्य को सौंदर्य पर ध्यान गया है; ना कि उस के skeleton पर। मैं इन्हें एक रचना की तरह ही देखता हूँ।

मेरा कोई दावा नहीं है।

यह समीक्षण मैं आप लोगों पर छोड़ देता हूँ| चाहे गजल समझें, गीत समझें या मुक्तछंद|

बस इतना निवेदन है कि जब कोई भी जागृत हृदय इन कविताओं से गुजरेगा, संभवतः यह महसूस होगा कि किसी राह में किसी मोड़ पर हम मिल चुके हैं|

हमारे पिढीयो ओं को संगीत और साहित्य में रुचि पैदा करने में विविध भारती का महत्वपूर्ण योगदान है, मैं भी उसी जायदाद का एक आश्रित हूँ...

मेरे इस अभिव्यक्ति पर... कई सारे अनुभूतियों और् विभूती यों क प्रभाव है और कई दीपस्तंभ हैं जो दूर से प्रकाश बिखेरने का काम कर रहे हैं|

Acknowledgements

1. मेजबानी

मरहम की तलाश मे
घायल बस्ती छोड आये..
अभि शहर आया नही.. तो
घाव सारे भर आये..

खिलखीलती कलम
आयी गिरफ्त् मे..
खामोश लब्ज
दिन ब दिन निखर आये..

तितली बैठी जो
गिरेबानं मे
कुछ रंग
कागज पर उतर आये..

उलझें थे खुद
खाना-बदोशि मे
कुछ मेहमान
दावत पर उतर आये..

2. बादलों की कशमकश

बादलों की कशमकश की
बेहते जाएं या मंडराएं सागर पर...
सुखे तालाब.सुखी नदीया भरते
बहोत दूर आये.. पता भूल कर...

रेगिस्तान से गुजरनेवाली
होती है गुमशुदा..
कुछ बुंदे खुश किस्मत बन जाती है
लौट आती है साहिल पर...

बहती रहती है जमी के नीचे से
सरस्वती की तरह...
लोग प्रतीक्षा करते है
किसी त्रिवेणी घाट पर...

किसी कुंभ के मेले मे
होते है दर्शन..प्रकट होते है संसार मे
दृश्य या अदृश्य ही सही
यात्रा जारी रहती है करवट पर...

दो चार यादे नही
पूर्ण जीवन ही विरासत पर...
पिताओ का क्या ऋण लौटा सकेंगे बच्चे?
जब ख्वाबो की पुरी बुनियाद ही.. रातो के गम पर...

3. तारों का शहर

यहाँ - कृष्ण-धवल तस्वीर रंगीन बना दी जाएगी
रंगरेज है है मेजबान.. दावत दी जाएगी..

हलके से.. संभलकर गुजरना देहलीज काले
काले जादू का असर. बगावत की जाएगी..

जो आ जाओ गिरफ्त में अबुमन
तुम्हें तुम्हारी ही जमानत दी जाएगी..

फिर भी हौसला बनाएँ रखना
जंग हो या इश्क, शहादत दी जाएगी..

आखिर् तुम भी द्वन्द्ध से घिरे हो.
लगाओ छलांग.. साहिल की वसीहत दी जाएगी.

तारों का शहर ढूँढने मे.. हम भी लगे है...
आओ साथ मे.. सहुलत दी जाएगी..

4. ख्वाबों का सावन

वो एहसासों के सौदागर
खयाल दुखानेवाले हुनर
तुम्हारे हँसी को
अपना समझ लिया..

आँखों से झलकती शरारतें
होठों के देहलीज पर रुकती हुयीं बातें
अदाओं का भंडार देख..
बैठ गये.. उलझ पिया..

कारगिरि के ऐसे पेहलू..
तुम खामोश... मैं ही बोलू ..
बो साहिल मेरे ..
लहरों मे हवा फूँक.. गलत किया..

लंबी कतारों में उलझा इक किरदार
हुक्की..बीच-बीच. घुटन सी.क्या करे दिलदार
ख्वाबों का ऐसा सावन
बिन बरसे ही गरज लिया..

5. अलबम

पलकों के पुरखों से
अलबम... उठा लाये..

बेहते बादलों से ..
बूंदे जूटा लायें..

आप.. कह ना सके..
हम रह ना सके..

ट्रेन छुटती गयी..
दिल टूटा लायें..

फिर होगी मुलाकात..
फिर वही सवालात.

रुह रुखसत हो गयी
जिस्म.. झूठा लाये..

6. पोछने की कोशिश

जमाने के साथ..
सोने की कोशिश..
साकी के सामने..
पीने की कोशिश.

हुजूर की मेहरबानी..
ख्वाबों से छेडखानी.
फिजुल..
रोने की कोशिश..

साया निकल कर ..
सिसकने लगे..
काली रात..
यू.. बिखरने लगे..

अश्कों से भीगा गिरेबान्..
बस पोछने की कोशिश..

7. खुद से ही सारे छल किये

तुम् पर ना कोई आंच. ना कोई मलाल
खुद से ही सारे छल् किये..
रफ्तार कम करने
पैदल ही चल दिये...

निगाह की गुस्ताखी
दर्पण भी बदल् दिये,
जुगनू जुटाने मे व्यस्त
नींदों के बगल दिये..

क्या आँखे मिलाओगे फिर से
आँखो में बादल लिये
तरस आ.. दोस्तों ने
दुनिया भर के हल दिये..

राहों के चक्कर काटते
दस्ते मे गझल लिये..
तुम पर ना कोई आंच..कोई मलाल
खुद से ही सारे छल किये..

8. लेहजा लेहजा बुंदेली

शरमा जाएँ काजल
आँखे ऐसी काली
मृग के भाँती चंचल
लेहजा लेहजा बुंदेली..

पूर्णिमा का चंद्रमा
पहने सूरज की लाली
केसुओं के बादल
सायाँ सायाँ हथेली...

नयन कटार दागने
पलके उठी खाली
बुझो तो जानो
बात बात पहेली..

पहाडों से निकली
शहद भरी प्याली
मेहक उठा आँगन
पग पग रंगोली..

बहारों भरा सावन
उल्हासित हर डाली
नदीजल सा गमन
तर तर खुशियाली..

9. रेहम कर दो

सुखी आँखो को नम कर दो..
यह् उलझन कुछ कम कर दो...

बहके गजल लडखडाने लगे
कहीं गिर न जाएँ..उनमे गम भर दो..

औजारों का नया कारोबार
बारुद भेज.. बम कर दो..

मुलाकात् कर नही सकते
आरजू ..मिलने की..जम कर दो..

बहारें याद दिलाती है बहोत
फूलों को शबनम् कर दो..

तुम्हारे अदालत मे अर्जी पडी है
तारीख दे कर.खतम कर दो..

मौत का कब किसे पता है..
तावीज दे के..रेहम कर दो..

10. तिनके के मोहताज

आनेवाला कल हमारा होगा
खाँबों में केहते गये..
नाँव में बैठे सवारी
फिजूल में बेहते गये..

दिल की तकलीफें
दिमाग की उलझने
बोझ सारा उठाएँ
साहिल से.. मिलते रहे..

मोड कितने सारे
हवाओं के चलते..
हर दफा.. नया मकाम..
मेहफिलों के..बदलते रहे..

मौसम का मिजाज हो
या फरिश्तों का आगाज
अपने हिस्से..आ जाएँ कभी..
बंजारे..रेत में फिसलते रहे..

दूर तलक... कोई जादुई मिराज
डूबने वाले जैसे..तिनके के मोहताज
दरिया के पानी को ..
प्यासे ऊँटो में...भरते गये..

11. दरख्वास्त

फिलहाल.. हर एक मौसम
हर एक दिन..मोहताज है..
किसी विशेष.. कारण के लिये..

कभी राष्टभक्ती.. कभी माँ बाप का प्यार.
तो कभी..दिनविशेष का त्योहार..
रात का होना जरुरी है..जागरण के लिये..

हर साँस का..विद्यमान अवशेष..
जैसे हो कोई..अवतारी पुरुष..
पेश आते ये युंही..उदाहरणं के लिये..

पुनर्जन्मो के एहसास..
कुछ रिश्ते होते है खास..
अंजााने ही सही..रक्षाबंधन के लिये..

हर एक किरदार को लाजमी है..किरदार निभाये..
मौसम कैसा भी हो...पेहचाने सायें..
एक दरख्वास्त है..
चेहरा मत बदलना...दर्पण के लिये..

12. जो भी हो दिल मे..

आहट के निशाँ देते दुरियों में ढील
चुपचाप टकराव..और करीब मंजील
कितने जोरों से धड़क रहा दिल
रोमांच का शिकंजा..सारे मेहफिल..

भटकें मुसाफिर को पता दे..
जो भी हो दिल मे.. बता दे..

आँखे है या.. पहाडों के झील..
नौसिखियों को डाँटते पेशेवर कातिल..
बीच समंदर पनपे.. तूफान जटील
लहरों की दौड..रोके क्यों साहिल..?

आंदोलित पलकों का अंतराल हटा दे..
जो भी हो दिल मे.. बता दे..

जाते-जाते कर गये मुश्कील
हादसे में मीठें..जुल्फे भी शामिल
कुछ पलों का किस्सा..कहानी में तब्दील
अपने ही मुकदमे में बन् बैठे वकील..

अगली चाय का जल्द न्योता दे..

जो भी हो दिल में..बता दे..

13. सखी से मुलाकात

सखी की मुलाकात
मेंहगी है बहोत..
गालिब के नजरो मे..
साकी के जाम सी..

कई गलियाँ गुजरना..
लोगों से छुपना..
उस्तादों के सारे तरीके..फिर भी
खाली हाथ घर वापसी..

मुलाकात से ले मुक्ती
यादों से हि अब दोस्ती..
रहते है आज-कल ..
दुनिया में आभासी..

जब भी संध्या आती है..
उबलती है चाय ..चुस्कियों मे.
धुये से लिपटती यादे..
बुझते..चराग सी..

14. झूठी साँसे

रंगो का मौसम..
फुलों का गुलशन..
वादी - वादी
छलकें है सावन..

मिट्टी का गंध ..
जुटाते पवन..
खिडकियाँ खोले..
ताँकते नयन..

एहसास जगता..
कहाँ होंगे सजन?
क्या देखने यह खोले..
खोले हैं चिलमन ?..

कोई उम्मीद उड चली
खयालों के आंगन..
झूठा कर रही
साँसो को पावन..

15. तजबीज

हलचल मची..
छुटे दिवारों पर
गुंज उठी..
रुठे किनारों पर...

इक ओर तुम...
खामोश हरदम
कैसे पलटते
चंद इशारों पर..

आपत्कालीन स्थिती का
हवाई मुआयना ..
नये सिक्के
टुटें दिनारों पर..

यह कैसी तजवीज
कायनात की..
सूद काँटि..
हलके बौछारों पर ..

16. लेहर

सून कंपित वीणा के स्वर
और दोलायमान और व्याकुल है भ्रमर ..

दिन भर दिमाग से काम
दिल खोलता..संध्या का है प्रहर..

बहुत से पेचिदा राज-साज्
जुगनू बन.. आते है नजर..

लंबी कतार..बढ़ती ही जाए
मुसाफिर..क्यूँ जाते है ठेहर.?

पानी का इलाज किया ..
जालीम..बेवजह..बाढ लाती है शहर..

बुनियाद से आखरी मंजीलों तक
सब कुछ..लपेट मे..लेती है लहर..

17. दो चार बुंदे

ध्यान से भटके कुछ देर
एफ एम चॅनेल ट्यून किएँ..

रंगबिरंगे सपने तितली के पंख लिये
मिलते है मेहबूब उडते हुएँ..

उमंग भरी दो-चार बुंदे
तन गिला कर..मन को छुएँ..

दिमाग का दफ्तर रुके एकाएक
कुछ पल तो..ख्वाब ही सीएँ

कुछ तुम्हे मुनाफा..कुछ हमे घाटा
कब तक कोई बैठे..हिसाब किए..

पीने के आधीन है आशिक
कभी चाय..कभी जाम..कभी आँसू पिएँ..

धून का ऐसा असर हरदम
गम में खुशी खुशी मे गम..

फर्माईशे या..हनुमान की पूछ
जितनी जलाएँ..बढ़ती ही जाएँ..

18. मौसम के तेवर

खूब चलते हो लंबी सड़कों पर
मिलावटी मुस्कान..दबे होठों पर..

नये-नये जौहरी बने हो
मुहर जो लगाएँ..सोने के इंटों पर..

यूँ एकाएक जो यार मिला..
छाता चलाया..हलके छिटो पर..

क्यू कोई सीखे..मौसम के तेवर
दे जाते है घाव..पुराने चोटों पर..

राज की तरह..ढकाँ है क्यूं ?
यह कैसी पाबंदी..खुली लटों पर..?

19. मेलों की याद

सपनों से लेने छुटकारा
अक्सर..नींद खुल जाती है..

धुंदली आँखो से..
मेलों की याद निकलती है.

सांज समय.. गलियों में
बढती हुयी भीड..
यू.. एकाएक..
घर अपने गुजरती है..

गुब्बारों से झूमती गलियाँ
थालियों से सजी मिठाईयाँ
एहसासों से भरी पुडियाँ
संदुको में गुम हो जाती है..

बादलों से भरे आसमां मे
मिलने की चाह जगती है,

चुडिया उठाये हाथो मे
पैरों की दौड उछलती है।

20. पुकारे कबीरा

पेडों से सजे पहाडों में
एक झील सोयी सी..
कमलपुष्प ओढकर
ख्वाबों में खोयी सी..
कोई शिकारा ढुंढे किनारा..

संजीदगी का माहोल सजाकर
मेजबान की कैसी खामोशी..?
दिवाने धरना जमाएँ ..
आसमाँ पिघले..शाम की उदासी..
छुटता सहारा अब..डुबता उजियारा..

कोई तो हलचल हो
हो हवाँओं की वापसी..
कंकड उछले पानी मे
लहर दौडे राजी- खुशी..
पुकारे कबीरा. छेडे इकतारा..

21. मेजबान

यादों के बादलों में..
खोएँ रहते है..
बुंदो के दलदलों में...
बोएँ चलते हैं..

एहसांसो का आसमाँ..
मैला करते हैं....
और रुके फासलों को..
चलता करते है..

धडकते दिल...
फैलाव पलते हैं.
तब्दीलीयों का सारे..
झोला भरते है..

आवाज आहट देती
किनारों को.. छाँट देती...
भरे तूफाँ मे..
मिला करते है..

दावत की बात ना हो..
चुल्हे जलते हैं..
जागते हुए सराएँ..
मेजबाँ गले मिलते है..